W0022882

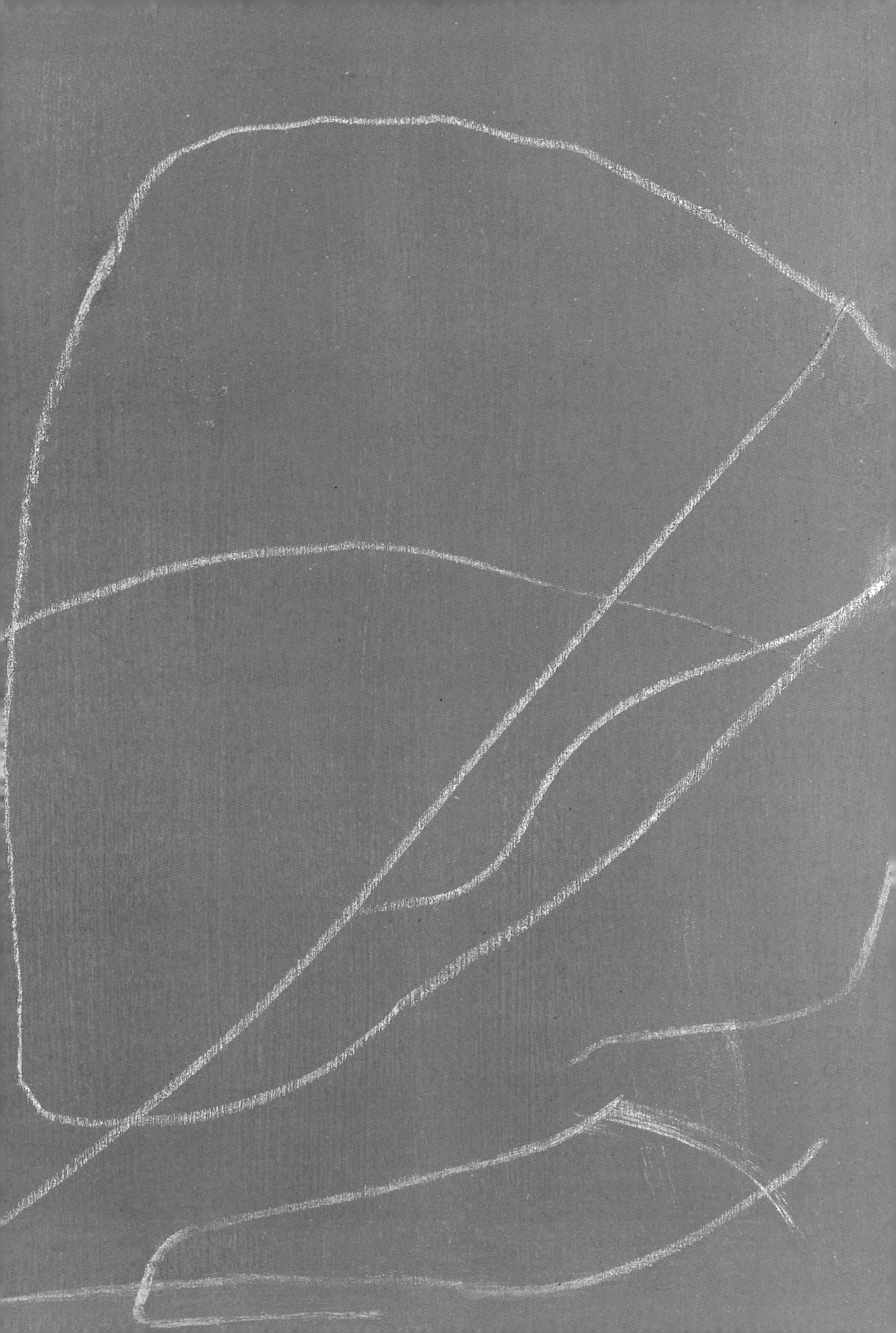

Jürg Schubiger | Isabel Pin
Zebra, Zecke, Zauberwort

Herzlichen Dank an
Anaé für den Vorsatz „A" (Familie A),
Zacharie für den Nachsatz „Z" (Zauberer im Zwiebackweltraum)
und an Sina, I.P.

Jürg Schubiger | Isabel Pin

Zebra, Zecke, Zauberwort

Peter Hammer Verlag

Ach! ruft unser Ara und

Ananas! und Schweinehund!

Bären baden an der Quelle,
braun verpackt in Bärenfelle.

Comic-Helden sprechen Blasen,
Clowns erkennt man an den Nasen.

Dein, haucht sie, mit Stumpf und Stiel.
Du, schnauft er, ich lieb dich viel.

Elfen sind sehr wohlgestaltet,
Echsen irgendwie veraltet.

Friede, Freude lasst herein,
Frust und Furz dagegen: nein.

Groß und leer ist noch der Sandstrand,
glatt und glimmerig der Strandsand.

Hai bleibt Hai und Hecht bleibt Hecht,
hiermit hab ich sicher Recht.

Indien liegt so fern von hier;
in der Tat, nah sind nur wir.

Jakob ist ein froher Junge,
jauchzt aus voller Lust und Lunge.

Kauderwelsch ist schwer verständlich,

kaud zum Beispiel heißt unendlich.

Lügen haben kurze Beine,
Lachsforellen haben keine.

Monster möchten uns erschrecken
mit Gebrüll und Zähneblecken.

Nein! schreit Nora, wird dann still,
niemand weiß, was sie nicht will.

Oma sagt: Dein Vetter Heiner –
Opa sagt: So heißt doch keiner.

Pappeln stehen ernst und stramm,
Purzelbäumen fehlt der Stamm.

Quallen sind oft rudelweise
quer durchs Meer auf Geisterreise.

Rauchig, wurstig riecht's vom Rost,
reimen würde sich hier: Prost!

Samt und Seide trägt Susanne
sogar in der Badewanne.

Teufel, rülpsend, rot und borstig,
trinken Bier und bleiben dorstig.

Ur- passt gut zu Wald und Kunde
und zu Laub, merkt Kunigunde.

Von Beruf ein Vagabund:

Vergnügt lebt er, doch ungesund.

Wale suchen in den Meeren
wie verrückt nach Heidelbeeren.

Xaver schien, als er am Reck war,
x-beliebig beug- und streckbar.

Yoga, und zwar mehrmals täglich,
yes Sir, macht den Tag erträglich.

Zebra, Zecke, Zauberwort,
Zwiebel, Zwieback und so fort.

Zauberwörter

Ara, Ananas, Apfel, Acht, Ast,

Birne, Bleistift, Brille, Brust, Bär, Braun, Banane, Blau,

Clown, Comic-Held, Cola, Caravan,

Dachs, Drei, Dose, Dorf,

Esel, Elfe, Echse, Eimer, Erdnuss,

Flamingo, Fuchs, Fliege, Froschkönig, Fabrik,
Fest, Feuer, Flugzeug, Ferkel,

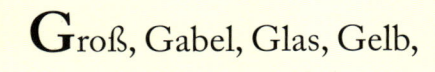

Groß, Gabel, Glas, Gelb,

Herz, Haus, Hai, Hecht, Holz, Hellblau,

Indianer, Igel, Indien,

Jäger, Junge, Jacke, Jeans, Jakob,

Korb, Kopf, Katze, Kaffee, Kinderwagen, Kind, Kürbis, Krone, Käse, Käfer,

Labrador, Lachsforelle, Lebensmittel,

Monster, Malen, Mond, Mädchen, Marienkäfer, Maus,

Nikolaus, Note, Nashorn, Nadel,

Opa, Oma, Onkel, Orang-Utan, Ohren, Ohrringe,

Paket, Pizza, Papagei, Pudel, Pappel, Purzelbaum, Pokal, Pinguin, Pantoffel, Pferd,

Quallen, Qualm,

Rauch, Ruderboot, Radio, Rost, Regen,

Susanne, Seife, Strümpfe, Strumpfhose, Schere, Schlüssel, Schloss, Sonne, Sterne,

Teufel, Tube, Teekanne, Toilette,

Uhu, Uhr, Urkunde, Urwald, Unterhose,

Vogel, Verkehrsschild, Vagabund, Vampir, Vase, Vier,

Wald, Wal, Wecker, Wasser, Waschbär, Winter, Waschbecken, Wollmütze, Wolken,

Xavier,

Yoga, Yogitee, Yorkshireterrier,

Zebra, Zecke, Zorro, Zwieback, Zwiebel, Zauberwort, Zwerg, Zweig, Zylinder.

Jürg Schubiger, geboren 1936 in Zürich, studierte Germanistik, Psychologie und Philosophie. Seit 1980 arbeitet er als Schriftsteller und Psychotherapeut in Zürich. Er schreibt für Kinder und Erwachsene. Sein Buch „Als die Welt noch jung war" erhielt 1996 den Deutschen Jugendliteraturpreis. 2008 wurde Jürg Schubiger für sein Werk mit dem Hans-Christian-Andersen-Preis ausgezeichnet. Im Peter Hammer Verlag erschienen von ihm „Das Ausland" (2003, mit Illustrationen von Albertine) und „Der weiße und der schwarze Bär" (2007, mit Illustrationen von Eva Muggenthaler), das für den Deutschen Jugendliteraturpreis nominiert wurde.

Isabel Pin, 1975 in Versailles geboren, studierte Malerei und Illustration in Straßburg und Hamburg. Ihre Bilder wurden auf der Kinderbuchmesse in Bologna und im „Salon du livres de jeunesse" in Paris ausgestellt. Für ihre Bücher erhielt sie viele Auszeichnungen, zuletzt den LUCHS für „Ein Regentag im Zoo" (Bajazzo). Isabel Pin lebt mit ihrer Familie in Berlin. Im Peter Hammer Verlag erschien 2006 ihr Buch „Als alle früher nach Hause kamen".

© Jürg Schubiger (Text)
© Isabel Pin (Illustration)
© Peter Hammer Verlag GmbH, Wuppertal 2009
Alle Rechte ausdrücklich vorbehalten
Lektorat: Karin Gruß
Satz: Graphium Press, Wuppertal
Lithos: Peter Karau GmbH, Bochum
Druck: Memminger MedienCentrum, Memmingen
ISBN 978-3-7795-0226-5
www.peter-hammer-verlag.de